AF310307

L'ÉGLISE DE RENNES A TRAVERS LES AGES

L K 3
1201

Extrait de la *Revue de Bretagne et de Vendée.*

Tiré à 50 exemplaires.

ÉTUDES HISTORIQUES SUR LA BRETAGNE

L'ÉGLISE DE RENNES

A TRAVERS LES AGES

PAR

L'ABBÉ GUILLOTIN DE CORSON

CHANOINE HONORAIRE

VICE-PRÉSIDENT DE LA SOCIÉTÉ ARCHÉOLOGIQUE D'ILLE-ET-VILAINE

ET MEMBRE DE PLUSIEURS AUTRES SOCIÉTÉS SAVANTES.

NANTES

VINCENT FOREST & ÉMILE GRIMAUD

IMPRIMEURS-ÉDITEURS

4 PLACE DU COMMERCE, 4

—

1885

L'ÉGLISE DE RENNES

A TRAVERS LES AGES

Jeter un coup d'œil d'ensemble sur le passé de l'archidiocèse de Rennes, — composé de la majeure partie des anciens diocèses de Rennes, Dol et Saint-Malo, — rappeler en quelques pages les faits les plus saillants de cette histoire, et retracer ainsi la physionomie fidèle de notre Église aux diverses époques qu'elle a traversées, tel est le but de cette étude. Comme le voyageur parvenu au sommet d'une montagne aime à se retourner pour contempler le paysage qui l'environne et reconnaître les sentiers qu'il a suivis, de même nous aussi, étudiant, depuis de longues années déjà, les annales de notre diocèse, nous sommes heureux de résumer ici ce que nous y avons découvert de plus intéressant, et nous voulons essayer de montrer, telle que nous la comprenons, la noble et sainte Église de Rennes, depuis son origine jusqu'à nos jours.

I

A l'avènement de N.-S. Jésus-Christ, le territoire que nous habitons était occupé en grande partie par une peuplade armoricaine, celle des Rédons. Comme les habitants du reste de la Gaule, les Rédons avaient été vaincus par Jules César, mais la domination romaine laissait subsister ce peuple. Toutefois, maîtres de la contrée, les Romains y bâtirent des villes fortes, et construisirent entre ces villes de belles et solides routes en chaussée, et, le long de ces voies, des stations et des camps destinés à en procurer la sûreté [1]. Ainsi furent élevés chez les Rédons, *Condate*, appelée, au IVᵉ siècle *Civitas Redonum*, aujourd'hui Rennes ; *Sipia* et *Fines*, indiqués dans les itinéraires de cette époque, et regardés par plusieurs comme ayant donné naissance aux paroisses actuelles de Visseiche et Feins ; — et chez les Curiosolites, autre peuple gaulois voisin des Rédons, Aleth, dont les derniers débris apparaissent encore sur le promontoire de la Cité, à Saint-Servan.

Ces Gallo-Romains des premiers siècles de l'ère chrétienne reçurent-ils le bienfait de l'évangélisation ? Il est vraisemblable que, dès cette époque reculée, quelques prédications chrétiennes furent faites dans le pays des Rédons, principalement à Rennes, leur capitale. Mais il fallut les grandes missions du IIIᵉ siècle, dont parle saint Grégoire de Tours [2], pour que ces germes de christianisme produisissent des fruits durables ; encore l'existence authentique d'un diocèse de Rennes, régulièrement constitué, ne nous apparaît-elle qu'au commencement du Vᵉ siècle. Cependant ce diocèse peut être considéré comme étant d'origine gallo-romaine, puisqu'il eut pour centre la capitale d'un peuple gallo-romain, et que la tradition lui donne pour premiers apôtres des missionnaires appartenant à la race latine saint Maximin, saint Clair et saint Just.

Il en est autrement de l'origine des diocèses de Dol et d'Aleth (plus tard Saint-Malo), créés par les Bretons et dont de vastes sections font aujourd'hui partie de l'archidiocèse de Rennes.

La fiscalité de l'empire romain ruina les Gaules, à partir surtout des dernières années du IIIᵉ siècle ; les provinces épuisées se dépeuplèrent et devinrent des solitudes incultes. Notre contrée subit elle-même ce triste sort, et quand, au Vᵉ siècle, commencèrent les émigrations bretonnes, de grands bois s'élevaient sur notre sol. Formant de l'est à l'ouest comme une seule forêt, ces

1. Il n'y avait pas moins de neuf voies romaines partant de Rennes et rayonnant autour de cette ville.
2. *Hist. eccl. Francorum*, I, 28.

bois allaient rejoindre Brocéliande, vaste massif d'arbres couvrant tout le centre de la péninsule armoricaine : les forêts actuelles de Fougères, de Sévailles, de Rennes et d' Chévré demeurent encore comme les jalons de cette antique forêt qui, se poursuivant au sud de Rennes, occupait tous les alentours de cette ville, et gagnait Brocéliande, au moyen des bois de Montfort. D'autres forêts s'étendaient également dans les environs d'Aleth, et pendant que saint Armel se retirait au fond des bois du pays actuel de Châteaugiron et de Janzé, saint Lunaire et saint Suliac s'enfonçaient eux-mêmes dans les broussailles des forêts couvrant les deux rives de la Rance. Aussi, pendant de longs siècles, le pays de Montfort fit-il partie de cette contrée demi-sauvage, appelée le Poutrecoël, par contraction, le Porhoët, c'est-à-dire *pays au delà des bois* [1] ; et tout le territoire au sud de Rennes jusqu'aux limites du comté nantais fut-il appelé le Désert, nom également donné à une partie des environs de Fougères.

Voici donc quelle était la situation de notre pays au Ve siècle : l'ancienne civilisation gallo-romaine n'apparaissait plus qu'à Rennes, grâce au christianisme qui s'était implanté dans cette ville devenue chef-lieu d'un diocèse, — et à Aleth, à cause de sa belle situation commerciale et maritime ; mais cette dernière ville était encore païenne. Par ailleurs, aucun souvenir d'autre ville gallo-romaine ne subsiste chez nous ; tous nos centres importants d'aujourd'hui, Saint-Malo, Fougères, Vitré, Redon et Montfort, sont, en effet, des créations du moyen âge.

II

C'est alors que commencèrent, au Ve siècle, pour se continuer durant le VIe, les nombreuses émigrations bretonnes qui changèrent complètement la physionomie de l'Armorique. Chassés de

---

1. *Pou-tre-coël,* traduit dans les chartes latines par *Pagus trans sylvam.*

la Grande-Bretagne par les envahissements des Angles et des
Saxons, ces émigrés avaient déjà reçu l'évangélisation chrétienne ;
ils abordèrent donc sur nos côtes avec leurs évêques et leurs
prêtres qui suivaient pour la plupart les règles austères de la vie
monastique. Tout notre littoral reçut ces colonies bretonnes qui
formèrent bientôt un petit royaume appelé la Domnonée [1].

D'un autre côté, des chrétiens émigrés, venus également de
Grande-Bretagne, s'établirent sur l'ancien territoire des Venètes et
vinrent jusqu'au sud-ouest de Rennes. Ainsi se répandit, dans toute
notre contrée, la bienfaisante lumière du flambeau de la foi, ap-
portée, dès les premiers siècles, à Rennes même, par les missionnaires latins, et aux V⁰ et VI⁰ siècles, dans les régions septen-
trionale et occidentale de notre archidiocèse, par les émigrés bretons. L'on vit alors le siège épiscopal de Rennes occupé, dès 439,
par Fébédiolus, puis par saint Amand et saint Melaine, et bientôt
après, saint Samson fonda, vers 555, l'évêché de Dol, tandis que,
vers 585, saint Malo devenait le premier évêque d'Aleth.

Les documents du VI⁰ siècle sont trop rares pour que nous puis-
sions retracer le tableau complet de nos églises à cette époque.
Nous voyons seulement alors les saints émigrés de Bretagne répandre les bienfaits du christianisme et de la civilisation parmi
les petits groupes de population indigène dispersés, de loin en loin,
sur la surface de notre territoire qu'avaient ruiné les derniers
excès de l'empire. Ils n'eurent guère à combattre le polythéisme
romain, dépourvu de profondes racines en Armorique, mais il leur
fallut lutter contre le druidisme qui résista de son mieux, et essaya
de disputer cette terre où il avait si longtemps régné sans rival.

Nos saints en vinrent à bout toutefois, en fondant des monastères
d'où ils rayonnèrent sur les alentours : saint Samson à Dol, saint
Malo à Aleth et à Roz, saint Aaron sur le rocher qui conserva son

---

1. La Domnonée renfermait une grande partie des anciens évêchés de Dol,
Saint-Malo, Saint-Brieuc et Tréguier, depuis l'embouchure du Couasnon jusqu'à
celle du Kéfleut.

nom, saint Suliac et saint Lunaire sur les bords de la Rance et de la Manche, christianisèrent tout le nord de notre archidiocèse. Saint Samson, en recevant même de Childebert les localités de Rimon, la Fontenelle et Saint-Rémy-du-Plain, ne manqua pas non plus de les évangéliser ; peut-être, d'ailleurs, l'avaient-elles été déjà par les missionnaires venus à Rennes, aux premiers siècles.

D'autre part, saint Melaine prêchait et convertissait les populations de Brain, de Comblessac et des environs ; et ses disciples ne tardaient pas à se fixer autour de Rennes, dans de nombreuses paroisses. Enfin saint Méen, se retirant dans les solitudes du Poutrecoët, y fondait un monastère dont tout le pays de Gaël ressentit l'heureuse influence, et saint Armel, dans la région du Désert, attaquait le culte druidique, là même où s'élevait l'un de ses plus prodigieux monuments, le vaste dolmen de la Roche-aux-Fées, en Essé.

Tel nous apparaît l'état religieux de notre pays au VI⁰ siècle ; « tel fut le rôle des prêtres et des moines bretons en Armorique ; d'une main ils déracinaient l'idolâtrie ; de l'autre, les halliers et les forêts ; dans le sol défriché ils semaient le grain, et la vertu dans les âmes purifiées par le baptême ; ils donnaient en même temps à leurs néophytes la paix du cœur et le pain du corps ; ils ouvraient des écoles, et ils plantaient des vergers ; ils prêchaient aux puissants la douceur, aux paresseux le travail ; à tous, et surtout aux petits et aux pauvres, ils prodiguaient le trésor de leur charité et de leurs aumônes.

« Ainsi, entre les indigènes armoricains et les émigrés bretons, ils furent vraiment le trait d'union, et le plus efficace agent de la pacifique fusion des deux races [1]. »

III

D'épaisses ténèbres couvrent l'histoire de nos diocèses aux VII⁰

1. M. de la Borderie. *Bretagne contemporaine*, introduction, XIV.

et VIIIe siècles. A peine quelques noms de glorieux évêques apparaissent-ils comme des éclairs, chassant un instant la nuit noire : saint Didier et saint Modéran à Rennes, saint Leucher, saint Thurian et saint Genevée à Dol, saint Enogat et saint Maëlmon à Aleth. Mais comment gouvernèrent-ils leurs diocèses? Nous l'ignorons ; toutefois nous sommes certains qu'ils ne demeurèrent pas inactifs, car les conséquences de leurs œuvres vont nous apparaître au IXe siècle.

Transportons-nous en 848 : l'indépendance du peuple breton, longtemps combattue par les Francs, est assurée désormais ; les petits états, fondés primitivement par les émigrés du VIe siècle [1], ont fait place à une véritable monarchie ; le noble vainqueur auquel sont dus ces avantages, le roi Nominoë, vient de se faire sacrer à Dol. Guidé par des motifs très puissants, — sinon très orthodoxes, — ce prince a créé, en effet, la métropole de Dol et lui a soumis les sept évêchés bretons de son royaume; il a même conquis sur les Francs les diocèses de Rennes et de Nantes, et il veut également les placer sous l'autorité de son archevêque. Fidèle à la tradition de ses pères, c'est au moyen des prêtres et des moines que Nominoë entreprend de s'assimiler ces populations de Rennes et de Nantes, étrangères à la Bretagne jusqu'alors. Pour y réussir, il fonde l'abbaye de Redon, la peuple de religieux bretons, et favorise de tout son pouvoir l'extension des disciples de saint Convoyon dans les contrées qu'il s'est nouvellement annexées. Or c'est précisément dans les chartes du *Cartulaire de Redon* et dans quelques autres actes contemporains que nous allons retrouver la physionomie religieuse de notre pays au IXe siècle.

La première chose qui frappe dans cette étude de nos vieilles chartes, c'est le grand nombre de paroisses nous apparaissant parfaitement constituées dès cette époque reculée. Voici comment,

1. C'étaient les royaumes de Domnonée, du Browerech, de la Cornouaille , du Léon et du Poher.

en effet, se présentent, par ordre chronologique, les paroisses de notre archidiocèse, mille ans avant le jour où nous écrivons.

Langon, signalée dès 797, Sixt et Maure en 832, Renac en 833, Bains et Pipriac en 834, Brains en 836, Guipry, Bruc, Maure, Baulon, Comblessac, Guignen et Messac en 843, Laillé en 850, le Grand-Fougeray en 852, Pancé en 860, Bourg-des-Comptes en 866, Pléchâtel en 875, Ercé-en-la-Mée vers le même temps, appartiennent à ce que nous appelons aujourd'hui l'arrondissement de Redon. — Dans celui de Montfort, nous trouvons Saint-Malon mentionnée vers 650, Médréac en 835, Plélan en 843, Talensac en 852 ; Gaël et Paimpont naissent vers la même époque, à l'ombre de l'abbaye de Saint-Méen, et du prieuré berceau de l'abbaye de Paimpont ; enfin Le Lou, La Nouaye, Langan, Saint-Mervon et Saint-Uniac, enclaves du diocèse de Dol, sont antérieures à l'an 848. — Dans l'arrondissement de Saint-Malo, voici Saint-Pierre d'Aleth qui donnera naissance à Saint-Servan quand le monastère du rocher d'Aaron fera lui-même surgir Saint-Malo ; voici Dol, œuvre de saint Samson, Carfantain et Montdol qui rattachent leurs origines au même évêque et à son contemporain saint Magloire; Saint-Lunaire, Saint-Briac et Saint-Suliac évangélisées, au VIe siècle, par les bienheureux dont ces localités conservent le nom glorieux ; Rozlandrieuc ou Roz-sur-Couasnon, où saint Malo bâtit un monastère; Saint-Samson-de-l'Isle, premier centre chrétien, semble-t-il, de la paroisse de Pleine-Fougères ; puis les enclaves de Dol, antérieures à 848, Saint Coulomb, Saint-Ideuc, Saint-Méloir-des-Bois et Saint-Tual ; et enfin, toutes ces paroisses dont les noms, appartenant à la langue bretonne, attestent l'antiquité, telles que Baguer-Pican, Baguer-Morvan, Lillemer, Miniac-Morvan, Plerguer, Plesguen, Plesder, Pleugueneuc, Lanhélin, etc., etc.

Les paroisses dont nous venons de faire l'énumération conservent, pour la plupart, au IXe siècle, le cachet de leur origine : ce sont d'anciens *plou*, c'est-à-dire des paroisses bretonnes fondées par les émigrés des Ve et VIe siècles. Chacune d'elles a pour chef un mactiern, au-dessous duquel apparaissent les anciens, appelés dans nos chartes latines *seniores*, les prêtres *presbyteri* et les nobles *optimates*, qui, réunis, composent l'assemblée du *Plou*. Ces réunions portent, dans les mêmes chartes, le nom de *placita* et se tiennent, soit devant l'église de la paroisse, soit dans le temple même ; elles ont pour but de gérer les affaires de la communauté, de donner avis sur des points controversés, de maintenir les traditions locales, d'assurer les donations faites entre vifs ou par testament, de maintenir enfin le bon ordre partout [1].

A cette époque, il n'est plus question de servage, chez nous, mais nous y trouvons mention faite de colons, appelés, dans les chartes latines, *manentes* manants, ou *villani* villains, — noms qui n'avaient alors rien d'odieux. Nous voyons, il est vrai, ces colons attachés à la terre et cédés avec elle, lorsqu'elle change de maître; mais cette condition des derniers du peuple ne semble pas les effrayer beaucoup, car quelques-uns d'entre eux sollicitent, par exemple, de l'abbé de Redon, la permission de continuer à vivre sous son autorité, en servant librement « *libere servire*, » comme avaient fait leurs ancêtres, sous le régime du villainage, « *servitus villicana*, » en payant la redevance exigée des villains [2].

La moitié de notre archidiocèse offre donc, au IX° siècle, ces caractères franchement bretons; mais l'autre moitié ne présente point la même physionomie. Là, cependant, les vieilles paroisses ne manquent pas non plus : Cornuz, signalée dès 579, Saint-Armel, Rimou, La Fontenelle et Saint-Rémy-du-Plain, dans le même VI° siècle; Marcillé-Robert, le Pertre et Vendel, au VII°; Tourie en

---

1. *Cartul. Roton.*, 158 et *passim.*

2. *Cart. Roton.*, 25, 210, 231, 367, 399. — « Les colons, fort nombreux chez nous, au IX° siècle, — dit M. de la Borderie, — formaient une classe d'hommes inséparablement liés au sol et voués à sa culture, au point d'être toujours vendus, donnés ou aliénés avec lui, et d'imposer fréquemment leur nom personnel à la terre qu'ils exploitaient. Leur tenure était héréditaire ; les redevances ou services dus par eux au maître ou propriétaire du fonds n'étaient nullement arbitraires, mais fixés par la coutume ou par une convention. Les colons pouvaient ester en justice. Tout cela les sépare nettement de l'esclavage et même de la servitude. » (Introduct. à *la Bret. contemp.* XIX.)

45 ; Retiers en 868 ; Visseiche, Feins, Vieuxvy, Saulnières, Le
Sel, etc., dont les origines semblent appartenir, comme la ville
même de Rennes, à l'ère gallo-romaine, revendiquent aussi une
haute antiquité. Malheureusement, nous n'avons point ici de cartulaire pour nous renseigner ; nous savons, toutefois, que ces diverses
localités passèrent directement des Gallo-Romains aux Francs, et
ne devinrent partie intégrante de la Bretagne qu'à la suite des
conquêtes de Nominoë.

Si nous considérons la pénurie de documents relatifs à l'étude
de ces paroisses françaises de notre archidiocèse, nous ne devons
pas nous étonner de les retrouver, au IXe siècle, dans nos chartes,
moins nombreuses que nos paroisses bretonnes ; mais cela ne
prouve nullement qu'elles fussent réellement en plus petit nombre.
Au contraire, Rennes ayant certainement reçu le saint Evangile
avant Dol et Saint-Malo, ses alentours durent voir de bonne heure
les prêtres chrétiens se répandre dans leurs plaines : nul doute
que les moines de l'abbaye de Saint-Melaine, par exemple, qui possédaient chez nous, au XIIe siècle, une centaine d'églises, dont
soixante-seize étaient paroissiales, n'aient créé, dès avant le IXe
siècle, une grande quantité de paroisses.

Remarquons ensuite que ces premières paroisses, tant bretonnes
que françaises, étaient originairement d'une grande étendue :
Maure (appelée alors Anast) renferme, en 843, sept chapelles ou
trêves, parmi lesquelles figurent les paroisses actuelles de Mernel,
Bovel, Campel, Loutehel et Saint-Séglin ; — Fougeray, en 852, possède le territoire de Mouais, la Dominelais et Sainte-Anne ; — Guipry
en 843, celui de Lohéac, Saint-Malo-de-Phily et Lieuron ; — Gaël
contient certainement alors Saint-Méen, Muel et Le Bran et vraisem-
blablement Le Crouais, Le Loscouët et Saint-Onen ; — plus tard, au
XIIe siècle, Lougaulnay, Saint-Pern et Bécherel faisaient encore,
ainsi que Le Quiou, partie de la paroisse de Plouasne, et Tinténiac
renfermait dans son territoire paroissial La Baussaine, La Chapelle-Chaussée, Saint-Gondran, Cardroc, Saint-Domineuc, Trimer
et peut-être même les Iffs.

Devant cette immense étendue des paroisses, — qu'expliquent les terres incultes dont nous avons parlé, — et en face des noms, relativement nombreux, des paroisses apparaissant au IXe siècle, ne sommes-nous pas en droit de conclure : tout le territoire de notre archidiocèse était dès lors non seulement évangélisé, mais encore parfaitement constitué, selon les règles de la hiérarchie ecclésiastique.

IV

Cet état florissant de nos églises ne dura pas longtemps. A la mort du roi Salomon, arrivée en 874, la guerre civile vint désoler notre pays, et les invasions des Normands l'attaquèrent de toutes parts. Comme un torrent dévastateur, ces barbares inondèrent nos diocèses et les ruinèrent de fond en comble. Devant leur face, dit un témoin oculaire, la terre trembla ; villes, châteaux, monastères, églises, tout s'écroula. Nobles et riches, prêtres et guerriers se sauvèrent à toutes jambes, qui en France, qui en Angleterre. En 878, Main, archevêque de Dol, s'enfuit à Orléans, emportant avec lui le corps de saint Samson ; son successeur, cependant, essaya de siéger à Dol, mais en 944 cette ville fut surprise par les Normands qui brûlèrent la cathédrale dans laquelle périrent l'évêque et ses diocésains réfugiés au pied des autels. Salvator, évêque d'Aleth, transporta de son côté les saintes reliques de son église, notamment le corps de saint Malo, d'abord à Léhon, puis à Paris, vers 965. Dès 863, saint Convoyon, abbé de Redon, avait dû demander un lieu de refuge au roi Salomon dans les bois du Poutrecoët, là où s'élève aujourd'hui Maxent ; enfin, nos abbayes de Saint-Melaine et de Saint-Méen, plus malheureuses encore que celle de Redon, furent presque totalement ruinées par les envahisseurs.

On comprend facilement que si les villes épiscopales et les grands monastères devenaient ainsi la proie des Normands, les bourgs et les villages, sans aucun moyen de défense, furent encore moins épargnés : aussi, selon l'énergique expression d'un chroniqueur contemporain, la Bretagne tout entière fut détruite, « *destructa est Britannia* [1]. »

V

Avec le X⁰ siècle finirent, en Bretagne, les terribles invasions normandes. A la suite du grand guerrier Alain Barbe-Torte, les seigneurs bretons réfugiés en Angleterre rentrèrent dans leurs domaines patrimoniaux : les moines, exilés dans les places fortes du centre de la France, rapportèrent leurs saintes reliques et reconstruisirent leurs monastères ; de nombreuses villes se formèrent à l'ombre des forteresses, et le gouvernement des ducs de Bretagne, successeurs du roi Nominoë, se reconstitua. De tous côtés se dressèrent des châteaux, s'élevèrent des églises, se rétablirent des paroisses, et ce renouvellement de la Bretagne entière, durant le XI⁰ siècle, forme l'une des pages les plus intéressantes de notre histoire.

Au point de vue féodal, ce XI⁰ siècle vit naître les villes de Fougères, vers l'an 1024 ; Vitré, vers 1060 ; Montfort, vers 1091 ; Châteaugiron, la Guerche, Hédé, etc., toutes se formant peu à peu autour des châteaux de mêmes noms. En même temps, Redon grandissait sous le régime abbatial, et Saint-Malo se préparait à devenir, en 1152, une ville épiscopale.

Mais ce qui doit surtout nous intéresser dans ce grand mouvement de renaissance, c'est la reconstitution de nos diocèses, la réforme de notre clergé et le relèvement de nos églises.

Le X⁰ siècle n'avait pas été attristé seulement par d'épouvantables ruines matérielles, mais encore par de grands désastres moraux. Le clergé gouvernant nos églises lorsque apparurent les Normands, était, en général, un clergé séculier ; dans les chartes du

1. *Cart. Roton.*

Cartulaire de Redon, par exemple, nous trouvons mentionnés, dans chaque paroisse, d'assez nombreux prêtres séculiers figurant à côté des moines de Saint-Sauveur. Quand les Bretons, chassés par les Normands, rentrèrent chez eux, ils trouvèrent la hiérarchie sacerdotale anéantie : certains évêques et beaucoup de prêtres avaient été massacrés, comme l'évêque de Dol, dont nous avons parlé, et saint Gohard, évêque de Nantes ; d'autres, plus nombreux encore, étaient morts en exil. Les seigneurs bretons, rentrés les premiers, voyant ainsi les paroisses désorganisées, les églises brûlées, les couvents ruinés, s'emparèrent des biens ecclésiastiques : tout en reconstituant leurs seigneuries, ils essayèrent de rétablir les paroisses, mais à leur profit ; ils confièrent donc le service des églises à quelques prêtres qui se trouvèrent encore heureux de pouvoir contribuer ainsi au rétablissement du culte ; mais ils conservèrent la jouissance de tous les revenus des églises, se contentant de payer une pension quelconque, en nature ou autrement, aux pauvres prêtres qu'ils accueillaient. Bientôt les églises devinrent donc de véritables biens patrimoniaux, passant du père au fils, et possédés par droit héréditaire, selon l'expression du temps, *jure hereditario.* Bien plus, les églises paroissiales furent divisées, à la mort des chefs de famille, entre leurs héritiers, et l'on vit des églises, telle que celle de Gennes, appartenant à quatre ou cinq personnes et celle de Saint-Christophe-des-Bois, dont un chevalier ne possédait qu'un huitième. A ce triste état de choses il faut joindre l'absence presque complète d'instruction religieuse à cette époque, les monastères, renfermant seuls alors les écoles ecclésiastiques, n'étant pas encore relevés de leurs ruines ; joignez aussi le relâchement des liens de la hiérarchie sacrée, brisés par les invasions, et qui n'avaient pas eu le temps de se renouer. Quoi d'étonnant, dès lors, si le clergé de nos églises laissait à désirer sous bien des rapports ! La réforme des mœurs cléricales et des institutions ecclésiastiques était donc nécessaire ; aussi fut-elle radicale et fructueuse.

Le premier de nos évêques réformateurs fut celui de Rennes,

Guérin. Fils et petit-fils d'évêque, d'après les chroniques de sa propre église [1], il était la preuve vivante de la désolation du sanctuaire. Dom Lobineau attribue à ce recommandable prélat le rétablissement de la discipline ecclésiastique dans son diocèse ; dès l'an 1035, il fonda une scholastique dans sa cathédrale, et rétablit ainsi les études religieuses à Rennes ; puis il obligea tous ses chanoines à vivre en communauté, pour donner ainsi l'exemple de l'observation des règles canoniques à tout le clergé ; enfin, il commença une salutaire réforme des mœurs cléricales qu'achevèrent ses successeurs, Sylvestre de la Guerche et le savant Marbode. — Un peu plus tard, en 1076, Even, archevêque de Dol, succédant à Johonée, qui avait couvert de souillures le siège de saint Samson, inaugurait, dans le diocèse de Dol un vigoureux système de discipline ecclésiastique, que continuèrent, après lui, le saint évêque Rolland et le célèbre Baudry. — Enfin, quoique nous n'ayons pas vu, sur le siège d'Aleth, surgir les mêmes misères morales qu'à Rennes et à Dol, il n'en est pas moins vrai que, dès le XIe siècle, les évêques d'Aleth commencèrent ce même grand travail de la réforme de leur clergé, que couronna dignement saint Jean de la Grille.

L'exemple vint donc d'en haut, et les prêtres n'eurent qu'à suivre les conseils de leurs évêques ; mais nous venons de dire quelle était la misérable position du bas clergé à cette époque. Aussi, que firent les évêques ? Pour opérer plus sûrement leurs réformes, ils s'adressèrent aux moines. Ceux-ci, revenus de l'exil, reconstituaient peu à peu leurs monastères, et voyaient, dans ces jours de trouble, bien des âmes fatiguées se réfugier près d'eux ; ils acceptèrent la mission — pénible, mais glorieuse — que leur offrait l'épiscopat. Alors commença, pour se continuer durant tout le XIIe siècle, un spectacle offrant le plus grand intérêt : la reconstitution de nos paroisses, et la réforme des mœurs de leur clergé, opérées par les moines, sous la haute direction des évêques.

1. Dom Morice, *Preuves de l'Hist. de Bret.*, 1, 353 ; — du Paz, *Hist. généalog. de Bret.*, 48.

2

Nous croyons l'avoir démontré : avant l'invasion normande, nos paroisses étaient déjà fort nombreuses ; il s'agissait donc plutôt de les reconstituer que d'en créer de nouvelles. Pour réussir, il fallait deux choses : rentrer en possession des biens ecclésiastiques usurpés par les laïques, avoir un clergé de mœurs recommandables et d'instruction suffisante ; or nul ne pouvait mieux que les religieux des grands monastères remplir ces conditions.

On comprend facilement que les petits couvents, tels que Saint-Cyr de Rennes et Gahard, aient eu de la peine à se relever de leurs ruines, mais les abbayes importantes de Redon, Saint-Méen et Saint-Melaine eurent plus de facilité pour sortir de leur abaissement temporaire. Les ducs de Bretagne s'intéressaient d'ailleurs spécialement à elles : Catwallon, abbé de Redon, vers 1040, n'était-il pas frère du duc Geffroy Ier, et oncle du duc Alain ? Ce furent la duchesse Havoise et ses fils, les comtes Alain et Eudon, qui relevèrent Saint-Méen en 1024 ; et la restauration de Saint-Melaine, commencée par le duc Alain III, fut achevée en 1054, par Geoffroy-le-Bâtard, comte de Rennes.

Ces grands monastères se trouvèrent donc prêts, les premiers, à seconder les louables intentions des évêques. D'ailleurs, ceux-ci recrutèrent aussi d'excellents auxiliaires dans certaines abbayes étrangères à leurs diocèses, mais que diverses relations rattachaient à la Bretagne : telles furent Marmoutiers, Saint-Florent de Saumur, le Mont-Saint Michel, les nombreuses abbayes d'Angers, et plusieurs autres, appartenant toutes à l'ordre de Saint-Benoît.

Bientôt, à ce puissant élément monastique ancien, vint se joindre une nouvelle société religieuse ; nous voulons parler des chanoines réguliers. Trois abbayes de ce genre naquirent dans notre archidiocèse au XIIe siècle : Rillé, vers 1143 ; Montfort en 1152 et Paimpont un peu plus tard ; elles furent aidées dans leurs œuvres par d'autres monastères du même Ordre, tels que la Roë, Gastines, Toussaint d'Angers, etc.

Tous ces moines, bénédictins comme chanoines réguliers, se chargèrent, sous l'autorité de l'ordinaire, d'administrer les paroisses qu'on voulut bien leur confier, et c'est à eux que nous devons vraiment la reconstitution du culte paroissial à l'époque dont nous parlons.

Que firent, en effet, ces religieux ? Ils s'abouchèrent avec les possesseurs d'églises : aux uns, ils préchèrent l'obligation d'obéir aux ordres des souverains pontifes qui frappent d'excommunication les injustes détenteurs de biens ecclésiastiques; aux autres, ils indiquèrent que Dieu leur fournissait ainsi le moyen certain d'effacer de trop nombreuses fautes, en faisant le sacrifice de ce qu'ils possédaient ; aux plus récalcitrants, enfin, ils offrirent de l'argent, des bestiaux, des étoffes précieuses, tout ce qui pouvait tenter ces esprits encore grossiers [1].

Mais ce qui facilita surtout la tâche des moines, ce fut l'attrait qu'offrait alors le cloître à un grand nombre de personnes : tel riche seigneur voulait assurer son salut éternel, en expiant les fautes de sa vie dans la solitude monastique; tel vaillant guerrier, se voyant frappé à mort, sollicitait avec empressement d'être revêtu du froc religieux, avant de rendre le dernier soupir. A ces époques flétries par de grands crimes, mais en même temps relevées par une grande foi, il semblait qu'expirer sous la livrée du Seigneur, en communauté de prières avec un saint monastère, était un gage certain du pardon accordé par Dieu à toute une vie d'erreurs [2]. Aussi sont-elles innombrables les donations faites par les seigneurs, et les restitutions opérées par les simoniaques, entre les mains d'abbés témoins de leur repentir, et consentant à les revêtir de l'habit de leur Ordre. Voilà comment, au XIe siècle, les moines entrèrent en possession de nos temples et de nos paroisses : voyons comment ils s'y conduisirent.

Il leur fallut d'abord user de la plus grande prudence, car ces restitutions ne se faisaient jamais sans contrarier bien des intérêts : les fils d'Hervé de Martigné, par exemple, réclament contre l'aban-

1. D. Morice, *Preuves de l'Hist. de Bret.*, I, 415, 437, 475.
2. *Ibidem*, I, 493.

don des prétendus droits de leur père sur les églises de Saint-Pierre et de Saint-Symphorien, données à Marmoutiers ; certains des enfants du prêtre Hermeniot agissent de même relativement à Saint-Sauveur-des-Landes ; les enfants de Riwallon de Combour sont encore bien plus récalcitrants ; et Moïse poursuit longtemps les moines de Saint-Florent, à cause de l'église de Tremblay. Quelquefois, ce sont les prêtres séculiers eux-mêmes qui, regrettant leur ancienne position, quelque humiliante qu'elle fût, près des seigneurs détenteurs de biens ecclésiastiques, s'opposent à la libre possession des églises par les moines : tel est Albéric, ce méchant prêtre de Saint-Sulpice de Fougères, qui fit tant souffrir les religieux de Marmoutiers [1].

A la prudence, les moines joignirent une grande fermeté : quand on attaqua leurs droits, ils les défendirent avec intrépidité, ne reculant devant aucune peine, et allant devant les tribunaux, tant civils qu'ecclésiastiques. Parfois même, ils usèrent, au besoin, du châtiment de l'excommunication et des pénitences publiques qu'ils infligèrent aux coupables. Payen de l'Epine ayant engagé, sans permission des propriétaires, tous les bœufs et vaches des religieux d'Arbrissel, fut frappé des foudres ecclésiastiques ; trois jeunes gens, envahissant le prieuré de Saint-Broladre, en enlevèrent les grains et maltraitèrent les gens : ils durent suivre, en braies et en chemise, une procession, et porter eux-mêmes les verges dont ils devaient être fustigés ; une méchante femme, Claricie, ayant frappé et blessé un religieux dans l'église d'Erbrée, fut fouettée devant l'autel témoin de ses insolences [2].

Mais à côté de ces actes de sévérité nécessaire en un temps de réforme sociale, combien d'exemples de bonté et de condescendance de la part des moines nous sont donnés dans les chartes contemporaines, depuis l'aumône qu'ils firent à cette même Claricie repentante, jusqu'au cadeau qu'ils offrirent au petit enfant de la dame de Fougères, pleurant dans les bras de sa mère.

1. Dom Morice, *Preuves de l'Hist. de Bret.*, I, 387, 415, 567, etc.
2. *Cartul. Rolon.* 38. — *Blancs-Mx*, n° 86, p. 683. — *Arch. dép. d'Ille-et-Vil.*, etc.

Au point de vue matériel, les bienfaits des moines, dans nos paroisses reconstituées au XIᵉ siècle, furent immenses. Profitant du droit d'asile accordé alors à ce qu'on appelait le cimetière d'une église, c'est-à-dire à un terrain plus ou moins considérable, selon la localité, entourant le temple, ils amenèrent les habitants à se grouper autour du clocher, et ils formèrent ainsi nos bourgs. Nous voyons souvent, en effet, les évêques bénir ces cimetières, non seulement à l'usage des morts, mais encore à l'usage des vivants : aussi bien des maisons s'élevèrent-elles dans ces enclos sacrés, maisons jouissant des privilèges du droit d'asile et fort recherchées par la suite [1]. De plus, non seulement les moines remirent en honneur l'agriculture trop abandonnée pendant les invasions, non seulement les générosités des fidèles et la richesse des grandes abbayes leur permirent d'aider efficacement de leur bourse ceux qui étaient dans le besoin, — l'on trouve, à chaque instant, dans les actes de cette époque, mention faite des sommes avancées par les religieux à leurs concitoyens, — mais encore, et surtout, ils furent les grands rebâtisseurs de nos églises rurales, et il faut bien avouer qu'à cette époque, le besoin de relever les temples du Seigneur se faisait vivement sentir.

Il paraît, en effet, que, jusqu'au XIᵉ siècle, la plupart de nos églises de campagne furent construites en terre et en bois. Aussi voyons-nous, en 1060, les possesseurs de l'église de Romazy la céder aux moines de Saint-Florent, à la condition expresse que ces derniers reconstruiront convenablement cette église en pierre, « *lapideam et honestam* ». Cette obligation de relever le temple saint est, au reste, fréquemment faite dans les chartes aux religieux devenus maîtres des paroisses. Il reste encore, dans notre archidiocèse, d'intéressants types de ces églises romanes. Leur plan se fait remarquer par la plus grande simplicité ; c'est un long rectangle terminé par un chevet ordinairement demi-circulaire, parfois simplement droit ou carré ; d'étroites meurtrières

____

1. D. Morice, *Preuves de l'Hist. de Bret.*, 1, 389, 424, 438, etc.

éclairent l'édifice, dans lequel on entre par deux portes placées l'une au bas du rectangle vers l'ouest, l'autre sur l'un des côtés de ce rectangle. A l'intérieur, une grande arcade — quelquefois ornementée et appelée pour cela arc triomphal — sépare le sanctuaire du reste de l'édifice ; la partie réservée au public prend alors le nom de nef, parce qu'elle ressemble à la carène d'un vaisseau renversé. Ce plan d'église est celui d'Arbrissel, de Chelun, de Bréal-sous-Vitré, toutes églises terminées par nne abside ; au contraire, les églises de Pocé, de Brie et de Guipry, se terminent, à l'est, par un chevet droit, soutenu par trois contreforts et ouvert de deux meurtrières. Dans ces temples, il n'y avait, originairement, ni transepts, ni chapelles ; ce n'est que plus tard qu'on donna aux églises rurales la forme d'une croix latine, en y ajoutant deux chapelles.

A côté de ces églises qu'ornaient seulement quelques contreforts plats appliqués aux murailles, et quelque moulure sculptée comme à Arbrissel et à Rannée, au-dessus de la principale porte, il y eut des constructions plus considérables faites, à la même époque, dans les villes et dans quelques bourgs privilégiés ; telles furent les églises de Redon, Langon, Saint-Melaine de Rennes, Saint-Sulpice-des-Bois, Antrain, Hédé, Bécherel, etc. Le même plan rectangulaire fut adopté pour ces constructions plus vastes comme pour les moindres églises, mais au lieu d'une nef, on en construisit trois, formant ensemble un seul rectangle, et terminé à l'est par trois absides, celle du centre plus grande, contenant l'autel majeur. Ces trois absides se retrouvent à Langon, à Livré et à Tremblay. Parfois on ajouta une tour au plan primitif : cette tour, ordinairement posée en avant du chœur, donna naissance quelquefois, dans les églises un peu considérables, à des transepts ou bras de croix, et s'éleva elle-même au-dessus de ce qu'on appela la croisée ou l'intertransept : telles sont les tours centrales de Livré, de Saint-Sauveur de Redon et de Saint-Etienne-en-Coglais. Ailleurs, on construisit cette tour au bas de la nef, comme à Saint-Melaine de Rennes, à N.-D. de Redon, à Luitré, etc. On orne-

menta aussi quelques parties de l'édifice : l'abside, par exemple,
fut entourée d'arcatures comme à Langon et à Guignen ; les cha-
piteaux des colonnes séparant les nefs, furent couverts de sculptures, comme à N.-D. de Dol et à Saint-Sauveur-des-Landes.
Enfin, l'on construisit alors, — mais rarement chez nous, — un
sanctuaire souterrain appelé crypte, creusé sous l'abside, et dont
nous n'avons plus de spécimen qu'à Châtillon-sur-Seiche, depuis
le déplorable renversement de l'église de Guignen.

Une chose assez singulière, au premier abord, frappe dans l'étude
architecturale de nos églises de campagne aux XI° et XII° siècles :
plusieurs de ces églises, comme celles de Pléchâtel, Guipry et
Saint-Lunaire, et bien d'autres, n'offrent aujourd'hui qu'une seule
nef romane, communiquant, par de grossières arcades, avec des bas
côtés des XV° et XVI° siècles. Comment se fait-il que les petites
nefs ne conservent aucune trace de leur construction primitive contemporaine de la nef majeure ? Voici notre réponse : quand on
construisit ces églises, on dut se contenter de bâtir en pierre la
grande nef et le sanctuaire, et l'on éleva, en bois ou en terre, les
bas côtés de cette nef ; il en résulta que, au bout de quelques
siècles, les petites nefs tombèrent en ruine, alors que la nef majeure, plus solide, demeurait intacte. On les releva donc dans le
style du temps, vers le XVI° siècle surtout, telles qu'elles sub-
sistent encore.

Une autre remarque à faire, qui ne manque pas d'importance,
c'est l'énorme quantité d'églises présentant encore aujourd'hui des
traces d'architecture romane. Dans presque toutes nos vieilles
églises, nous trouvons un pan de mur antique : ici c'est une abside,
là une porte cintrée, ailleurs un contrefort plat ; tantôt une simple
meurtrière, tantôt un bout de muraille avec appareil réticulé, ou
en feuilles de fougères ; partout, en un mot, un vestige quelconque
de la primitive construction. Il nous semble donc certain qu'aux
XV°, XVI° et même XVII° siècles, lorsqu'on relevait une église,
l'usage s'établit de laisser intacte une petite portion de l'ancien édifice, ne fût-ce qu'un pan de mur, une fenêtre ou une colonne,

considérés dès lors comme les témoins de la haute antiquité du temple. Nous avons retrouvé tant de fois ce fait significatif dans nos études architectoniques, que nous remplirions toute une page avec les seuls noms des églises qui conservent chez nous ce touchant souvenir du passé.

Enfin, quoique, depuis cinquante ans, l'on ait rasé dans notre archidiocèse un nombre trop considérable de vieilles églises, il n'en reste pas moins assez debout pour que l'on puisse affirmer, sans craindre de démenti, que les deux tiers de nos temples anciens offrent encore la preuve de leur reconstruction aux XIᵉ et XIIᵉ siècles.

Concluons donc que les moines, chargés de reconstituer nos paroisses et de relever nos églises durant cette époque de transition qui suivit les invasions normandes, s'acquittèrent dignement de leur tâche. Non seulement ils furent les auxiliaires zélés des évêques réformateurs, non seulement ils édifièrent le peuple en sanctifiant le clergé, mais ils relevèrent aussi toutes nos églises paroissiales presque aussi nombreuses dès lors qu'aujourd'hui ; le sceau matériel prouvant leur œuvre est demeuré sur nos temples, respecté, jusqu'à présent, par les générations successives.

VI

En reconstituant nos paroisses, les moines avaient joué leur providentiel rôle ; cela fait, il ne leur restait plus qu'à rentrer dans les cloîtres de leurs monastères. Ils le comprirent et, d'accord avec les évêques, ils rendirent au clergé séculier l'administration des paroisses. Pendant quelque temps, au XIIIᵉ siècle par exemple, ils demeurèrent bien dans leurs prieurés, — ces petits monastères ruraux où s'était élaboré le grand travail de la réforme religieuse, — mais peu à peu ils abandonnèrent ces maisons champêtres elles-mêmes, et l'on vit, en 1411, l'abbé de Saint-Melaine opérer d'un même coup l'union de vingt-quatre de ses prieurés à la mense de son abbaye, c'est-à-dire réduire tous ces établissements à l'état de simples fermes.

Mais n'anticipons pas. L'époque que nous abordons maintenant, c'est-à-dire le XIIIᵉ siècle, est généralement considérée comme celle de l'apogée du pouvoir ecclésiastique ; le siècle suivant en fut la continuation, et le XVᵉ, quoique moins sérieux, ne laissa pas d'être brillant et fécond en grandes œuvres. Considérons donc, pendant ces trois siècles consécutifs, l'état des diocèses qui forment aujourd'hui notre archidiocèse.

Commençons par le tableau de la puissance des évêques. Celui de Rennes n'est pas, il est vrai, maître de sa ville épiscopale, considérée dès lors comme la capitale du duché de Bretagne, mais à lui appartient aussi l'honneur de couronner nos souverains dans sa cathédrale. D'ailleurs, les ducs ont donné à ce prélat un faubourg de leur ville qu'on nomme le Bourg-l'Évêque ; ils y ont joint des manoirs et de belles seigneuries à Rennes, à Bruz, à Saint-Jacques et à Rannée ; enfin, ils lui ont concédé une juridiction quasi-royale, qu'on appelle, à cause de son importance même, le Regaire. Quand l'évêque de Rennes fait sa première entrée dans cette ville, il est porté sur les épaules de quatre puissants barons, les sires de Vitré, d'Aubigné, de Châteaugiron et de la Guerche. — L'évêque de Dol est encore plus puissant : pendant plus de trois siècles il a porté le titre d'archevêque et il en conserve toujours les insignes qu'il gardera jusqu'en 1789 ; longtemps, il a entretenu une armée dont le sire de Combour était le porte-enseigne ; s'il a renoncé à ce déploiement militaire, il n'en garde pas moins, comme vassaux, de grands seigneurs tels que les sires de Landal, de Beaufort et du Guesclin ; quand il entre solennellement à Dol, ville qui lui appartient tout entière, le sire de Landal tient la bride de sa haquenée, le sire du Gage lui présente les mets de sa table, et le sire de la Chesnaye-au-Bouteiller lui sert d'échanson. Lui aussi possède plusieurs manoirs : c'est d'abord la tour ou château de Dol, vieille forteresse illustrée par maints brillants faits d'armes ; puis le manoir de l'Orme, assis dans un beau parc, à petite distance de la ville épiscopale. Mais son diocèse s'étend bien au delà, jusqu'en basse Bretagne et jusqu'en Normandie : en basse Bretagne, il possède la baronnie de Coëtmieux ; près de Rouen, il a le manoir et la seigneurie de Saint-Samson-de-la-Roque. — L'évêque de Saint-Malo, maître de la ville de ce nom, a bénévolement cédé une grande portion de ses droits sur elle à son chapitre ; c'est ce qu'on appelle la seigneurie commune. Mais son regaire particulier demeure plus considérable, même après cet abandon, que celui des évêques de Rennes et de Dol ; il possède des hôtels à Saint-Malo et à Dinan ; il est baron de Saint-Malo-de-Beignon, et son manoir de Château-Malo partage avec celui de Beignon l'honneur de le posséder souvent. Quand il fait sa première entrée à Saint-Malo, c'est le sire de Lorgeril qui doit conduire son cheval et lui aider à en descendre.

Les chapitres ont également une grande importance. Le chapitre de Rennes jouit d'un beau regaire et partage avec son évêque les privilèges du droit d'asile accordés à la cathédrale Saint-Pierre. Cinq dignités rehaussent l'éclat de ce chapitre : le trésorier, le chantre, l'archidiacre de Rennes, l'archidiacre du Désert et le scholastique. — Le chapitre de Dol possède un avantage particulier fort rare : une paroisse entière, celle de Saints, dépend uniquement de lui : elle est *nullius diœcesis*, et l'évêque de Dol n'y a aucun droit. Il a aussi un vaste regaire et toute une rue dans Dol appelée la rue Ceinte ; il renferme en son sein quatre dignités : le chantre, l'archidiacre de Dol, le scholastique et le trésorier. — Le chapitre de Saint-Malo jouit des deux tiers de la seigneurie commune dont l'évêque ne s'est réservé qu'un tiers. C'était d'abord un chapitre séculier que saint Jean de la Grille changea en chapitre régulier en y introduisant des religieux ; mais il a été sécularisé de nouveau en 1319 et, depuis lors, il se compose de dix-neuf chanoines, en y comprenant l'évêque qui jouit d'une prébende et les quatre dignitaires qui sont le doyen, l'archidiacre de Dinan, l'archidiacre de Porhoët et le chantre.

Au-dessous des évêques et des chapitres vient le clergé parois-

sial composé des doyens, des recteurs et de leurs curés. Les recteurs
ont, au XIIIe siècle, une position variant selon que les paroisses
relèvent simplement de l'évêque ou dépendent des abbayes. Quoique
nous ayons vu, en effet, la plupart des paroisses régénérées
par les moines, il y eut cependant un certain nombre d'entre elles
qui ne se livrèrent pas aux religieux ou que les évêques se réser-
vèrent ; de là une grande différence dans la condition sociale des
recteurs. Ceux qui gouvernaient des paroisses ne dépendant ni
des abbayes, ni des chapitres, ni même des regaires épiscopaux,
conservèrent presque tous la jouissance des dîmes ecclésiastiques ;
ce furent les recteurs riches ; leurs bénéfices, fort enviés, devinrent
le point de mire de bien des prétendants, mais il faut avouer que
le nombre de ces gros bénéficiers séculiers fut assez restreint. Les
autres recteurs avaient des paroisses dont les dîmes appartenaient
soit aux religieux qui les avaient reconstituées, soit aux chanoines
qui, à l'origine, les avaient desservies, soit à l'évêque qui s'en était
réservé les revenus. Tous ces recteurs devaient dès lors se contenter d'une pension que leur servaient en nature ou en argent les
gros décimateurs.

Tant que les moines habitèrent leurs prieurés ruraux, de fréquents
accords furent conclus entre eux et les prêtres desservant les paroisses au sujet du partage des biens de l'église. Il s'agissait surtout
des oblations, considérables au XIIIe siècle, des prémices et quelquefois même des dîmes. Dès la fin du XIIe siècle, on voit l'abbé
de Marmoutiers régler ce qui suit avec le recteur d'Iffendic : des
oblations de l'autel les moines auront les deux tiers, et le recteur
le reste ; pour les mariages, ce qui sera déposé sur le livre, à la
porte de l'église, sera partagé également entre les moines et le recteur ; ce sera la même chose pour les relevailles et les baptêmes ;
les dons faits au jour des Morts, à l'occasion des confessions de
Carême et d'Avent, les honoraires des sépultures, trentièmes et
septièmes, les dons faits aux confréries seront partagés par moitié
entre le recteur et les moines, mais ceux-ci auront les deux tiers
des prémices [1].

1. Dom Morice, *Preuves de l'Hist. de Bret.*, I, 648.

Lorsque les moines se furent retirés dans leurs abbayes, la condition des recteurs dépendant d'eux devint moins dure. Voici, par exemple, le sort qu'assurèrent en 1294, les moines de Saint-Melaine au recteur de Vern : ils lui promirent une pension de dix livres (environ mille francs de notre monnaie), pour l'entretien de sa robe, de sa chaussure, de son lit, de son cheval et de ses autres nécessités ; ils lui cédèrent une maison d'habitation convenable et lui abandonnèrent, en outre, tous les droits d'autel, c'est-à-dire les oblations, en général, les offrandes faites aux épousailles et dans les confréries, les deniers de confession et d'anniversaires pour les morts, les petites dîmes d'agneaux, porcs, poulets, oies, chanvre, lin, navets, millet, panais, et en un mot tout ce qui était dû à l'autel. Par contre, le recteur de Vern renonça à toutes les grosses dîmes, tant anciennes que novales [1].

Cette question des dîmes novales, au XIIIᵉ siècle, est fort intéressante ; on appelait ainsi les dîmes levées sur une terre nouvellement rendue à la culture. Or la preuve que des défrichements considérables furent faits dans nos campagnes, à cette époque, c'est que nous voyons, dans une foule de paroisses, des discussions s'élever au sujet des novales, entre les décimateurs et le recteur. C'est alors, du reste, que disparut la forêt qui s'étendait au sud de Rennes, donnant son nom aux églises voisines de cette ville, Saint-Jacques de la Forêt, Saint-Donatien de la Forêt et Sainte-Foi de la Forêt. Le chapitre de Rennes, qui possédait un droit de pâturage dans cette forêt, dite de Mont-Mohon, reçut, en échange, des dîmes, quand son territoire eut été livré à la culture [2]. Remarquons aussi qu'en 1236, les moines de Saint-Melaine abandonnèrent au recteur de Betton le quart des dîmes novales ; c'était, en effet, un privilège particulier à l'abbé de Saint-Melaine, de jouir des novales : ordinairement, elles appartenaient en entier aux recteurs. Mais nous ne pouvons entrer dans tous les détails des pensions accordées aux

---

1. *Cartul. Sancti-Melanii.*
2. *Cartul. Sancti-Georgii.*

recteurs qui n'étaient pas grands décimateurs ; remarquons seulement qu'elles devaient être « congrues, » c'est-à-dire convenables et suffisantes, et qu'elles ne pouvaient être inférieures à 500 livres au siècle dernier.

Le défrichement des terres eut un autre résultat, ce fut le morcellement des grandes paroisses. C'est ainsi que, durant le XIIIᵉ siècle, furent créées les paroisses de Cardroc, la Baussaine, la Chapelle-Chaussée et Saint-Domineuc, distraites toutes quatre de Tinténiac. Vers le même temps, furent érigées les paroisses de Saint-Sulpice-des-Bois, Saint-Aubin-du-Cormier et Sérigné, dont le territoire fut enlevé aux forêts voisines de Rennes.

Ces créations de paroisses et de trêves, trop nombreuses pour que nous les signalions toutes ici, nous amènent à parler des églises construites selon les règles de l'art ogival florissant alors.

A part la magnifique cathédrale de Dol, le chœur de Redon, quelques parties de l'ancienne cathédrale de Rennes et l'abside de la Guerche, il faut bien avouer que nos pères semblent avoir peu bâti d'églises au XIIIᵉ siècle. Du reste, ne venaient-ils pas de relever tous leurs temples aux XIᵉ et XIIᵉ siècles ? Et d'ailleurs, le temps était-il si propice en Bretagne pour les constructions religieuses ? Il est à remarquer que si saint Louis personnifie en France le XIIIᵉ siècle, digne par ses monuments merveilleux du roi justicier et du héros croisé, la Bretagne est représentée, à la même époque, par les ducs Pierre Mauclerc et Jean le Roux, princes français, persécuteurs des évêques bretons, ennemis des moines et pilleurs de nos églises. Leur foi — car ils avaient la foi comme tous leurs contemporains — se manifestait loin de Rennes, dans les splendeurs de Notre-Dame de Chartres, voisine de Dreux, berceau de Mauclerc, et c'est dans cette admirable cathédrale qu'il faut aller chercher aujourd'hui, sculptées en pierre et peintes sur les vitraux, les figures des ducs et duchesses de Bretagne, au XIIIᵉ siècle [1].

---

1. V. dans les *Mélanges hist. et arch. de Bret.*, II, 100, la part considérable que les Bretons, notamment les Malouins, prirent, au XIIIᵉ siècle, à la construction

Les constructions religieuses du XIIIe siècle sont donc rares chez nous; celles du XIVe sont encore moins nombreuses, représentées seulement dans notre archidiocèse par le chœur de Saint-Malo et la tour de Redon. Mais un grand mouvement architectural commença au XVe siècle et se continua au XVIe; quoiqu'il n'ait pas produit de vrais chefs-d'œuvre, nous ne pouvons cependant le passer sous silence.

Le plan d'église adopté à cette époque fut, tout d'abord, dans nos campagnes, le même que précédemment; mais, presque toujours, le long rectangle constituant l'édifice se termina par un chevet droit percé d'une vaste fenêtre aux nombreux meneaux flamboyants. Ainsi sont construites une foule de nos églises, car il y eut, au XVe siècle, un immense effort des populations pour bâtir des temples: on peut dire d'une façon générale que toutes nos anciennes églises appartenaient naguère au style roman du XIe siècle ou au style ogival tertiaire du XVe. Toutefois, à cette dernière époque, le plan rectangulaire des églises rurales fut modifié peu à peu, par l'adjonction de chapelles prohibitives ou seigneuriales. Ordinairement, le seigneur prééminencier construisit sa chapelle au nord, à l'entrée du sanctuaire, et, par suite, au haut de la nef; telles sont, par exemple, les chapelles seigneuriales du Tiercent en l'église de ce nom, et du Molant en celle de Bréal. Plus tard, d'autres seigneurs ou les paroissiens firent élever vis-à-vis une autre chapelle, au sud, ce qui donna alors la forme d'une croix à tout l'édifice. Il ne fut même pas rare de voir plusieurs chapelles, échelonnées par divers seigneurs le long des nefs, comme à Bédée, à Iffendic, à Saint-Germain de Rennes, etc. Quelques-unes de ces chapelles prohibitives furent particulièrement soignées dans leur construction, telles que celles d'Espinay en l'église de Champeaux, et de la Marche en celle de la Nouaye. Au reste, les sculptures prodiguées dans la

---

de la cathédrale de Chartres; à l'entrée du portail méridional, on voit encore, représentés en pied, le duc Pierre Mauclerc et sa femme, Alix de Bretagne, faisant l'aumône; ils figurent aussi, avec leurs enfants, dans la verrière dite rose de Bretagne.

pierre et dans le bois, les peintures employées partout dans les
verrières, produisirent, au XVe siècle, de charmantes œuvres d'art :
qui ne connaît Notre-Dame de Vitré, Saint-Sulpice et Saint-Léonard
de Fougères, Saint-Yves de Rennes, et les églises des Iffs, de Champeaux, de Bais, Domalain, Gennes, Broualan, etc.? Ces églises sont
souvent de véritables musées ; autels, fonts baptismaux, chaire, verrières, tombeaux, tout s'y fait remarquer par une rare élégance et une
grande richesse d'exécution. Leurs murailles étaient elles-mêmes, à
l'origine, revêtues de peintures, et il faut lire la description des églises
du Rheu et de Piré à cette époque, pour se faire une idée de l'intéressante ornementation d'une petite église rurale du moyen âge.
Naguère, on voyait encore, dans les églises de Montdol, Langon,
Messac, etc., des fragments, malheureusement badigeonnés depuis,
de ces peintures murales décorant nos temples jadis.

Cette époque est aussi celle des grandes cérémonies chrétiennes
et des fêtes particulières à chaque église. Le *Livre des Usages de
l'église de Rennes* nous fait longuement connaître les Oo de l'Avent
et l'intronisation de l'évêque des Innocents, les charités de Sainte-
Agathe et les processions de Carême, la bouillie de Saint-Georges
et les pelotes de Saint-Etienne, les cinq processions des Rogations
et les trois jours de fête de la Trinité, les redevances de chapeaux
d'osier et la collation de Saint-Golven, etc., etc.

Le *Cartulaire de Dol* nous montre les mêmes fêtes des Oo de
l'Avent et de l'évêque des Innocents pratiquées à Saint-Samson ; il
mentionne, de plus, la grande procession des reliques, le feu de la
Saint-Jean et le culte rendu à la ceinture de sainte Marguerite.

Les Comptes des Trésoriers des paroisses nous renseignent aussi
sur beaucoup d'usages curieux pratiqués au XVe siècle : le vin de
communion donné en ablution aux fidèles, aux grandes fêtes de
l'année ; — la paille étendue sur le parvis des églises, pendant les
nuits de Toussaint et de Noël, nuits que les bons chrétiens pas-
saient alors au temple ; — le banc des infirmes établi autour des
églises à l'intérieur, d'autres sièges n'y étant point en usage, sauf
pour le seigneur du lieu, qui seul avait droit à un banc ; — le

pigeon lâché dans le sanctuaire et les étoupes enflammées le jour de la Pentecôte rappelant la descente de l'Esprit-Saint sur les Apôtres ; — les longues processions faites tantôt autour de la paroisse, tantôt à de lointains sanctuaires ; — le culte rendu au très saint Sacrement suspendu au-dessus de l'autel, comme à Dol, Redon, Rennes et Saint-Malo, et porté aux solennelles processions du Sacre sur un brancard soutenu par les plus hauts dignitaires du clergé ; — le pieux souvenir des morts manifesté à Rennes et à Montfort, par l'institution de crieurs de nuit invitant les fidèles à prier pour les trépassés ; — le respect envers les fontaines sacrées qu'on allait processionnellement visiter, pour faire cesser les grandes sécheresses, respect si populaire, qu'il n'est pas d'église ancienne qui n'ait à côté d'elle sa fontaine, etc., etc. Nous lasserions nos lecteurs si nous voulions signaler toutes ces coutumes religieuses, parfois très touchantes dans leur naïveté, qui témoignent de l'esprit de foi régnant chez nos pères.

C'est encore ce même esprit de foi qui créa tant d'œuvres admirables et que beaucoup croient nouvelles, tandis qu'on les retrouve en réalité durant le moyen âge ; nous voulons parler des œuvres d'assistance publique, telles que fondations d'hôpitaux, maladreries, hospices et lazarets, distributions d'aumônes et de secours portés même parfois à domicile. Les établissements de ce genre étaient fort communs, et toute paroisse de quelque importance en possédait un ou plusieurs. Il faut dire la même chose des œuvres de l'instruction publique : si alors les grands collèges et les séminaires n'étaient pas encore fondés, il y avait du moins un vaste système d'éducation créé et entretenu par l'Église. Nos scholastiques diocésains étaient chargés de l'organisation de l'enseignement, et tous nos évêques rappelaient fréquemment à leurs prêtres l'obligation existant pour eux d'avoir dans leurs paroisses des écoles pour les garçons comme pour les filles. Nous avons dressé une liste — assurément fort incomplète — de ces écoles du moyen âge, et nous avons acquis la preuve, malgré la pénurie des documents à ce sujet, du soin que mettait alors le clergé à obéir à ses supérieurs, pour procurer à la jeunesse l'instruction chrétienne nécessaire.

Ce dont nous ne nous doutons guère aujourd'hui, c'est l'existence, aux XIIIe et XIVe siècles, de Frères et de Sœurs s'occupant spécialement de toutes ces bonnes œuvres d'assistance et d'instruction publique. Nous trouvons cependant chez nous bien des traces de leur dévoûment charitable. Les uns tiénnent des hôpitaux en ville, comme les frères de Saint-Thomas à Rennes et de Saint-Nicolas à Fougères ; d'autres habitent la campagne comme ceux des hospices de Tinténiac et de Saint-Lazare de Montfort. Quant à l'instruction, elle est surtout confiée à des prêtres ou à des clercs pour les garçons, et à des sœurs de confrérie, « *sorores confraternitatis,* » pour les filles. En résumé, comme l'on voit, la barbarie n'était pas aussi grande que quelques-uns l'ont rêvée, dans ces temps lointains, puisque la plupart de nos œuvres charitables apparaissent alors déjà.

VII

Le propre de l'Église est de passer par des alternatives de gloire et d'abaissement, de joie et de tristesse ; elle prouve ainsi sa vitalité. Nous venons de voir nos diocèses florissants, nos évêques respectés, nos paroisses bien administrées, nos pauvres secourus et nos enfants instruits dans la période qui précède. Tous ces avantages ne vont pas disparaître, mais l'état général de notre Église va éprouver une secousse plus ou moins profonde, selon les lieux, à la suite des troubles du XVIe siècle.

Les erreurs du protestantisme naissant, les guerres civiles qui désolèrent trop longtemps la France, et surtout cet esprit de paganisme qui signala ce qu'on appelle la Renaissance, contribuèrent beaucoup à affaiblir chez nous les grands principes religieux et moraux, qui avaient fait la force des siècles précédents.

Une nouvelle réforme devint donc nécessaire, et l'Église le comprit si bien que le concile de Trente eut précisément pour but de nous la procurer. Il faut avouer que l'abus des commendes perdait nos diocèses bretons.

Durant le XVIe siècle, la plupart de nos bénéfices furent, en effet, possédés par des prélats étrangers qui les accumulèrent sur quelques têtes privilégiées. Il n'est pas rare alors de voir un évêque jouir de deux, trois et quatre évêchés en même temps, sans résider dans aucun d'eux. Parfois même, ces prélats se contentent de toucher les revenus des menses de leurs évêchés et s'inquiètent peu de recevoir l'onction épiscopale ; Mgr Bochetel est sept ans évêque de Rennes, sans être sacré (de 1558 à 1565) : MMgrs d'Espinay et de Révol, évêques de Dol, agissent de même : l'un n'est sacré que la septième année après sa nomination, et l'autre demeure dix ans dans la même position (de 1593 à 1603) ; — enfin, Saint-Malo n'est guère mieux partagé que Rennes et Dol, car, après les Briçonnet, grands seigneurs chargés d'évêchés français et italiens, Mgr Ruzé, nommé en 1570 évêque de Saint-Malo, ne juge pas non plus à propos de se faire sacrer.

C'est bien pis dans les abbayes ; la plupart des abbés, tous commendataires, c'est-à-dire simples tonsurés, sont des étrangers, souvent des Italiens ; ils ne résident point dans leurs monastères, où d'ailleurs leur genre de vie mondaine causerait plus de scandale que d'édification ; mais les moines se ressentent naturellement de l'absence de leurs chefs, tous les bâtiments claustraux tombent en ruine, et la discipline monastique perd chaque jour de sa force. A cette époque, nous l'avons déjà dit, les religieux des abbayes, retirés dans leurs cloîtres, ne s'intéressent plus aux paroisses ; tous leurs prieurés sont vides et ils n'ont plus d'autre rapport avec les recteurs et les paroissiens que relativement aux dîmes qu'ils continuent de lever et aux portions congrues qu'ils sont forcés de payer.

Mais à côté des anciennes abbayes et de leurs prieurés, il est d'autres institutions monastiques créées ou relevées pendant les derniers siècles. Ce sont les Augustins, les Carmes, les Dominicains, les Cordeliers, les Capucins, les Minimes et bien d'autres. Ce sont aussi des congrégations de femmes telles que les Bénédictines, les Carmélites, les Dominicaines, les Hospitalières, etc. Tous ces établissements religieux ont été fondés dans un double but : la prière commune dans le cloître et l'action extérieure s'exerçant pour les hommes, par la prédication, l'instruction et l'administration des sacrements ; pour les femmes, par la charité, l'instruction et le soin des pauvres et des malades.

Aux XVIe et XVIIe siècles, la plus grande partie de ces couvents de femmes mènent une vie exemplaire ; beaucoup de ces congrégations viennent de naître et sont encore tout enflammées du zèle qu'inspirent les vertus de leurs saints fondateurs. Les anciennes abbayes de femmes ont, au contraire, grand besoin d'une réforme ; nous n'en avons que deux dans notre contrée, Saint-Georges et Saint-Sulpice, mais l'une et l'autre ont laissé l'intrigue entrer dans leurs cloîtres et la résidence des prieures dans les campagnes a amené, par suite de l'isolement, un grand relâchement dans la vie claustrale.

Quant aux couvents d'hommes, on ne peut nier que beaucoup d'entre eux ne sont guère édifiants : Bénédictins et Chanoines réguliers, Carmes et Cordeliers, tous, à Rennes comme à Dol, à Redon comme à Saint-Méen, à Rillé comme à Paimpont, à Saint-Malo, à Vitré et ailleurs, ont un vrai besoin d'être rappelés à l'observation de leurs engagements religieux.

Le clergé séculier des paroisses, sans être tombé dans la profonde dégradation du Xe siècle, est cependant loin d'être aussi exemplaire qu'au XIIIe ; la plaie de la commende s'est étendue jusqu'à lui, et l'ignorance s'est introduite dans son sein. En 1524, ne meurt-il pas à Rome un prélat, Thomas Le Roy, qui, non content de toucher les rentes d'une demi-douzaine de prébendes en Bretagne, jouit encore chez nous de huit cures ! Peu auparavant, en 1513, était mort, à Nantes, un autre chanoine, Robert Chollet qui, outre deux prébendes, était titulaire d'un doyenné et de cinq paroisses. Beaucoup d'autres ecclésiastiques, recommandables d'ailleurs, étaient dans le même cas ; pendant que de grands personnages briguaient les évêchés, les abbayes et les collégiales, d'autres prêtres, plus modestes, se contentaient de se faire pourvoir de quelques prébendes, de plusieurs prieurés et d'un bon nombre de cures. Quant à la résidence il n'en était pas question ; les recteurs eux-mêmes affermaient leurs cures à des prêtres approuvés auxquels ils confiaient l'administration de leurs paroisses. C'est ainsi qu'en 1583, le chanoine Léonard Durand afferme, moyennant 200 livres tournois, à un prêtre nommé Macé Le Liepvre, la cure de Saint-Senou dont il est pourvu.

Cette absence des chefs spirituels des paroisses eut des effets désastreux : le peuple ne connut plus son pasteur et n'eut point la même considération pour le prêtre chargé par lui de le conduire, parce qu'il considéra ce prêtre comme une sorte de mercenaire ; ce dernier ne porta point non plus aux paroissiens le même intérêt : obligé de chercher d'abord à payer régulièrement sa ferme, il se trouva bien exposé à devenir un homme d'argent ; par suite, les institutions charitables d'hospices et d'écoles furent négligées, la misère et l'ignorance envahirent de nouveau nos campagnes.

Voilà donc comme se présente à nous cette brillante époque de la Renaissance, époque glorieuse entre toutes pour les arts, mais dépourvue des sentiments de foi qui font les vrais chrétiens. Voyez, du reste, les monuments religieux de ce temps-là : les admirables stalles de Champeaux et de la Guerché, les superbes mausolées des évêques de Dol et des seigneurs d'Espinay, les jolis portiques de Bais et de Châteaubourg ; tout cela est charmant, plein de grâce et de délicatesse, mais aucun sentiment de piété n'apparaît dans ces petits chefs-d'œuvre ; ils sont une preuve, au contraire, du sensualisme païen qui régnait alors dans la société chrétienne dégénérée et s'introduisait jusqu'en nos églises.

Mais voici les grandes réformes ; pour qu'elles soient durables, elles ne se feront que lentement, tout le XVII° siècle sera employé à ce travail sublime. Passons rapidement sur ce qui concerne les évêques ; nous les voyons forcés par Rome d'observer la résidence dans leurs diocèses ; ils cessent par suite de posséder plusieurs évêchés, et une fois établis dans leurs villes épiscopales, ce sont eux qui donnent l'exemple à leurs diocésains. Tels furent les évêques de Rennes et de Saint-Malo aux siècles derniers, les premiers si zélés, les autres si savants et si pieux. Et ceux de Dol, leur histoire, à cette époque, ne se résume-t-elle pas dans celle du dernier d'entre eux, Mgr de Hercé, dont la mémoire vénérée est encore populaire dans les campagnes voisines de sa ville épiscopale, qu'il allait évangéliser lui-même dans les grandes solennités ? Après avoir enseigné comment il faut vivre en chrétien, ce saint prélat montra d'ailleurs comment on meurt martyr !

La réforme des monastères fut beaucoup plus lente. Dans l'ordre de Saint-Benoît, cette œuvre salutaire fut opérée par la Congrégation de Bretagne d'abord, puis par celle de Saint-Maur, successivement dans les abbayes de Redon, le Tronchet, Saint-Méen et Saint-Melaine. Mais ce ne fut pas sans bien des difficultés : au Tronchet où ne se trouvait plus, en 1607, qu'un seul religieux disant l'office avec quelques prêtres séculiers, le réformateur, dom Noël Mars, dut vaincre la résistance d'autres moines qui, détenus en prison, voulaient rentrer dans le cloître pour y continuer leur vie déréglée ; à Saint-Méen il fallut que Mgr de Cornulier défendît aux religieux de recevoir des novices, afin de les renouveler par extinction, ne pouvant les ramener eux-mêmes à l'observation de leur règle.

Les abbayes bénédictines de femmes se réformèrent plus facilement, parce que leurs abbesses, n'étant point commendataires, étaient demeurées de vraies religieuses résidant le plus ordinairement au cloître.

Dès la fin du XVIe siècle, l'abbesse de Saint-Georges, Marquise de Beaucaire, commença cette réformation que consolidèrent dans le siècle suivant les abbesses Françoise et Magdeleine de la Fayette. Quant à Saint-Sulpice, l'honneur d'avoir rétabli la règle dans ce monastère appartient à la vénérable abbesse Marguerite d'Angennes, l'amie de saint François de Sales qui passe pour n'avoir pas été complètement étranger à cette réforme.

Les Chanoines réguliers avaient également laissé le relâchement s'introduire chez eux : leur réformation fut l'œuvre de la congrégation de Sainte-Geneviève qui transforma l'abbaye de Rillé en 1628, celle de Montfort en 1636 et celle de Paimpont en 1649.

A partir de cette époque, les Bénédictins se consacrèrent aux études historiques et littéraires, et c'est une des gloires de l'abbaye de Redon, d'avoir vu former par son prieur dom Audren le plan gigantesque de l'*Histoire de Bretagne,* dont une partie considérable était achevée quand la Révolution chassa ces doctes religieux. — Quant aux Chanoines réguliers, ils cherchèrent et réussirent à rentrer dans leurs prieurés-cures, ayant spécialement pour but l'administration des paroisses, et un grand nombre d'entre eux exercèrent dès lors, et jusqu'en 1790, le ministère pastoral, principalement dans les campagnes.

Un semblable travail d'épuration fut opéré dans la plupart des autres ordres religieux. Les Cisterciens de l'abbaye de la Vieuville adoptèrent, vers 1664, la règle austère de l'Étroite Observance ; — les Carmes furent également réformés par le P. Philippe Thibaut qui rétablit les saintes règles dans le monastère de Rennes dès 1608 et dans celui de Dol en 1616. — Le célèbre couvent de Bonne-Nouvelle à Rennes fut aussi le berceau d'une importante réforme établie parmi les Dominicains ou Frères Prêcheurs ; le P. Jonaud y fonda l'étroite observance de Saint-Dominique, connue sous le nom de Congrégation de Bretagne. C'est ainsi que, peu à peu, tous les monastères, ayant pu perdre une partie de leur ferveur primitive, furent ramenés, par le zèle de quelques saints religieux, à l'observance des règles qu'ils avaient embrassées.

Pour opérer un semblable bien dans les paroisses et en sanctifier de nouveau les habitants, il fallait commencer par avoir un clergé modèle de toutes les vertus. Nos évêques le comprirent bien et leur premier soin fut de fonder des séminaires. Jusqu'alors, les jeunes gens se destinant à l'état ecclésiastique avaient fait leurs études soit dans les monastères, — comme à Bonne-Nouvelle et à Saint-François de Rennes où l'on professait la théologie, — soit dans les presbytères, près de savants recteurs aimant à réunir des élèves autour d'eux. Mais cet état de choses semblait maintenant précaire, et, d'ailleurs, le concile de Trente ordonnait, dans chaque diocèse, l'établissement d'un séminaire. Nos évêques se mirent donc à l'œuvre : celui de Saint-Malo établit le premier un grand sémi-

naire à Saint-Méen, en 1646 ; plus tard, en 1707, il créa un petit séminaire à Saint-Servan. — L'évêque de Rennes fonda dans sa ville
épiscopale un grand séminaire en 1670, et un petit vers 1684.
— Enfin, l'évêque de Dol fit de l'ancien prieuré de l'Abbaye-sous-
Dol un grand séminaire en 1697, et fonda, en 1717, également à
Dol même, un collège remplissant à peu près les conditions d'un
petit séminaire.

A ce grand avantage de l'instruction ecclésiastique reçue par les
clercs dans les séminaires, vint se joindre une nouvelle institution
destinée à donner aux fidèles une garantie de la science du clergé :
nous voulons parler du concours.

Le concours prescrit par le concile de Trente était un examen
que devaient passer les prêtres prétendant à un bénéfice, devant des
examinateurs désignés par le synode diocésain. Cet examen ne se bor-
nait point exclusivement à la constatation de la science, il embrassait
aussi la conduite, les mœurs des candidats et leurs aptitudes pour la
charge à laquelle ils aspiraient. Les votes des examinateurs s'émet-
taient sur tout cet ensemble et désignaient ceux qui étaient jugés
aptes à remplir le poste vacant ; c'était ensuite au collateur de
choisir parmi eux celui qu'il estimait le plus digne, et de lui con-
férer le bénéfice. A l'origine, ce concours avait lieu à l'évêché pour
les paroisses tombées en vacance dans les mois de l'évêque, et à
Rome pour les paroisses appartenant à la collation du Pape. Mais
en 1740, Benoît XIV déclara que, dorénavant, tous les concours
se feraient par devant les évêques des lieux où les paroisses à
pourvoir seraient situées : sur une attestation donnée aux candidats reconnus capables, le Souverain Pontife conféra dès lors les
cures dont la collation lui appartenait. Cette façon de mettre les
cures au concours demeura telle jusqu'à la Révolution.

L'incontestable preuve de la valeur morale et intellectuelle du
clergé paroissial de notre contrée au siècle dernier se trouve dans
sa conduite pendant la tourmente révolutionnaire. A cette terrible
époque, le plus grand nombre de nos prêtres — suivant l'exemple
de leurs évêques et des Chapitres qui protestèrent si dignement à

Rennes, à Dol et à Saint-Malo — demeurèrent fidèles à leur sainte
vocation, et repoussèrent la constitution civile qu'on leur présenta.
Ni l'exil en terre étrangère, ni la vie plus cruelle encore du prêtre
errant et caché dans sa paroisse, ni la mort dans le fond des bois
ou sur l'échafaud de la place publique, n'effrayèrent ces vaillants
confesseurs de la foi ! Eux aussi répétaient, avec le chanteur populaire de Bretagne : « Je n'ai pas peur des balles : elles ne tueront
pas mon âme ; si mon corps tombe sur la terre, mon âme s'élèvera
au ciel [1] ! » S'il y eût, dans notre contrée, quelques défections
parmi les membres du clergé séculier et régulier, elles furent relativement peu nombreuses ; aussi l'évêque constitutionnel Le Coz
ne put-il former convenablement le personnel de son éphémère
diocèse ! Aussi les prêtres intrus qu'il envoya dans nos paroisses
furent-ils honnis et immédiatement chassés par les populations
indignées !

VIII

La catastrophe de 1790 n'était certainement pas nécessaire,
comme on vient de le voir, et elle interrompit brutalement la
réforme commencée depuis longtemps déjà ; sous prétexte d'en-
lever à nos institutions religieuses quelques scories qui subsistaient
encore, elle renversa de fond en comble ces institutions elles-
mêmes ; elle fit ainsi d'irréparables ruines, et laissa surtout un
germe désolant d'esprit révolutionnaire dans le peuple. On ne peut
donc s'empêcher de pleurer sur cette triste époque qui vit verser
tant de sang, détruire tant de pieuses fondations, et anéantir tant
de chefs-d'œuvre. Mais Dieu sait tirer tout bien du mal même, et la
Révolution nous en fournit la preuve : car de cet épouvantable
désastre sortirent un grand épanouissement de la foi catholique
dans les pays voisins livrés à l'hérésie, qu'édifièrent nos prêtres
exilés, et dans notre propre patrie un relèvement fécond de nos

____

1. *Barzarz Breiz*, II, 239.

institutions religieuses, éprouvées par la persécution comme l'or par le feu.

Nous avons vu nous-même, depuis ce temps-là, l'église de Rennes apparaître plus glorieuse que jamais ; relevée de l'abîme par Mgr de Maillé, fortifiée par MMgrs Enoch et Mannay, sanctifiée par Mgr de Lesquen, de si douce mémoire, elle s'est vue illustrée, comme elle ne l'avait jamais été jusqu'alors, par le cardinal Brossais-Saint-Marc, archevêque incontesté de Bretagne. Les liens unissant depuis tant de siècles Rennes à la Ville éternelle en ont été resserrés par la joie et la reconnaissance. Nous souvenant de cette vieille légende d'un pape disant à saint Gildas : « Que les Bretons se rappellent toujours qu'ils ont un père à Rome comme ils en ont un dans les cieux [1], » nous avons éprouvé pour Pie IX, comblant de ses faveurs notre diocèse, toute la gratitude que des fils respectueux et dévoués peuvent ressentir envers un père ; et dans maintes circonstances nous lui avons témoigné notre reconnaissance par des actes, à Castelfidardo comme à Mentana !

Si nous n'avons point parlé du mouvement architectural religieux aux XVIIe et XVIIIe siècles, c'est qu'il fut presque nul chez nous ; aucun édifice important ne fut élevé à cette époque dans notre archidiocèse, sauf l'achèvement des tours de la cathédrale de Rennes et les églises actuelles de Toussaints et de Saint-Sauveur en cette même ville, constructions faites dans le style correct mais froid du temps. De nos jours, la cathédrale de Rennes, rebâtie dans le style néo-grec, a reçu, à la suite de son érection en métropole en 1859, une splendide décoration intérieure, mais ses murailles, couvertes de fresques et de stucs dorés, n'invitent point à la prière comme les superbes voûtes de la cathédrale de Dol, notre merveille diocésaine, restaurée dernièrement avec goût. Il faut cependant avouer qu'un immense élan pour la reconstruction des églises signale l'époque que nous traversons, élan qu'on est parfois tenté de modérer un peu, lorsqu'on voit détruire l'église de Guignen

1: *Légende celtique,* 148.

et abandonner celles de Saint-Lunaire, de Maxent et de Bonne-
main, élan enfin qui n'aboutit pas toujours à créer des chefs-
d'œuvre, car les vrais monuments sont rares de nos jours. Quoiqu'il en soit, nos vieilles églises s'en vont, et tout fait prévoir que
bientôt nos paroisses rurales auront toutes de nouveaux temples.
Constatons ce fait sans nous y arrêter davantage. Nous recon-
naissons cependant volontiers, — tout en regrettant les sanctuaires
élevés par nos pères, — que plusieurs de nos églises modernes ne
manquent pas de mérite, et que notre archidiocèse possède des
architectes de talent qui comprennent le style religieux. Nous ne
pouvons aussi méconnaître les grands sacrifices que font nos paroisses
rurales pour relever leurs sanctuaires ; elles témoignent ainsi de
l'esprit de foi qui heureusement les anime encore. Aussi Mgr Place,
favorisant les nouvelles constructions, s'empresse-t-il de procurer
à ces temples les honneurs de la consécration, chose assez rare
chez nous depuis la Révolution.

Terminons enfin cette étude. Nous avons vu notre pays évangélisé de bonne heure et l'Église de Rennes établie au Ve siècle ; les
missionnaires latins et les émigrés de Grande-Bretagne l'ont fondée,
ainsi que celles de Dol et de Saint-Malo. Les progrès du christianisme marchent alors si promptement chez nous, que le IXe siècle
nous apparaît comme une époque de véritable prospérité religieuse;
mais bientôt après, les invasions normandes viennent ruiner nos institutions diocésaines et paroissiales. A ces temps de misère relativement
courts succède heureusement le grand mouvement de la renaissance
du XIe siècle. Ce travail de reconstitution chrétienne atteint son apogée
aux XIIIe et XIV siècles. L'affaiblissement de la foi et les défaillances
inhérentes à toute œuvre de ce monde nécessitent ensuite de vi-
goureuses réformes, qui occupent tous les derniers siècles et dont
les heureuses conséquences font encore notre gloire et notre espoir.
Comment ne pas, en effet, espérer beaucoup de Dieu, quand on
voit, malgré les malheurs du temps, l'admirable spectacle qu'offre
notre archidiocèse : à quelle époque des liens plus intimes unirent-
ils les vrais fidèles aux prêtres, les prêtres à leur évêque et celui-

ci au Souverain Pontife ? Quand les congrégations religieuses ont-elles été plus nombreuses qu'aujourd'hui ? Notre seul archidiocèse vient de donner naissance à deux pieuses sociétés d'hommes et à six congrégations de femmes parmi lesquelles se trouvent ces admirables Petites Sœurs des Pauvres répandues dans l'univers entier ! Et nous ne comptons pas le grand nombre de congrégations étrangères auxquelles nos paroisses offrent chaque jour un accueil empressé, en échange de leur dévouement aux bonnes œuvres. Ah ! nous savons bien qu'une ombre vient voiler ce tableau, mais si quelque voix discordante s'oppose à la parfaite harmonie de ce concert de glorification et de louanges s'élevant en l'honneur du Très-Haut, elle est encore perdue dans la foule de nos pieux villageois ; elle n'a même pas dans nos cités l'écho qu'on lui suppose. Nos études historiques nous ont mainte fois prouvé d'ailleurs que le parfait bonheur comme la gloire incontestée de l'Église ne sont point de ce monde ; son destin est de combattre, forte de l'appui divin. Ce qui est vrai de l'Église universelle est également exact quand il s'agit d'une partie de cette société, c'est-à-dire d'une Église diocésaine. Quelles ques soient nos légitimes appréhensions pour l'avenir, — dont l'horizon se rembrunit, hélas ! de jour en jour, — nous sommes heureux de constater le bien qui se fait encore parmi nous, et nous ne cessons d'admirer l'Œuvre divine se manifestant depuis quinze siècles dans l'Église de Rennes.

Il était réservé au sage pontife qui préside actuellement aux destinées de notre archidiocèse, de resserrer plus intimement les liens qui unissent les vieilles Églises de Rennes, Dol et Saint-Malo, et de relever leurs noms illustrés par leurs saints fondateurs. Mgr Place, en sollicitant du Saint-Siège, et en obtenant du Souverain Pontife Léon XIII le rétablissement des titres de nos trois Églises bretonnes, a bien mérité de la province entière. En élevant aussi le culte rendu à nos premiers évêques de Dol et d'Aleth, les bienheureux Samson et Malo, il a attiré sur son diocèse entier la spéciale protection des saints religieux qui firent de la Bretagne, au VIe siècle, une si noble terre chrétienne. Qu'il nous soit donc permis de saluer avec reconnaissance dans la personne de l'archevêque de Rennes, Dol et Saint-Malo, le digne successeur des glorieux prélats qui ont créé chez nous des œuvres vraiment fécondes et durables.

Puissions-nous toujours aimer notre chère et sainte Église de Rennes ! Puissions-nous toujours nous intéresser à ses œuvres ! Puissions-nous toujours conserver le droit de répéter avec le poète de la Bretagne :

> Oui, nous sommes encor les hommes d'Armorique !
> La race courageuse et pourtant pacifique !
> Comme aux jours primitifs, la race aux longs cheveux,
> Que rien ne peut dompter quand elle a dit : Je veux !
> Nous avons un cœur franc pour détester les traîtres !
> Nous adorons Jésus, le Dieu de nos ancêtres !
> Les chansons d'autrefois toujours nous les chantons !
> Oh ! nous ne sommes pas les derniers des Bretons !
> Le vieux sang de tes fils coule encor dans nos veines,
> O terre de granit recouverte de chênes [1] !

1. Brizeux, *Œuvres complètes*, 1, 89.

Nantes — Imp. Vincent Forest et Émile Grimaud, place du Commerce, 4.

www.ingramcontent.com/pod-product-compliance
Ingram Content Group UK Ltd.
Pitfield, Milton Keynes, MK11 3LW, UK
UKHW020052100726
13658UKWH00004B/1713